Antonín

DVOŘÁK

MASS

IN D MAJOR

OP. 86 / B. 175

Edited by

Richard W. Sargeant, Jr.

Study Score

Partitur

SERENISSIMA MUSIC, INC.

CONTENTS

1. Kyrie...3

2. Gloria 19

3. Credo 48

4. Sanctus 84

5. Benedictus 94

6. Agnus Dei 103

ORCHESTRA

2 Oboes

2 Bassoons

3 Horns (F)*

2 Trumpets (C)*

3 Trombones

Timpani

Organ

Violin I

Violin II

Viola

Violoncello

Double Bass

Duration: ca.40 minutes

First Performance: March 11, 1893 (this version)
London, Crystal Palace
Clara Smnell (soprano), Marian McKenzie (alto),
Edwin Houghton (tenor), Andrew Black (bass)
Crystal Palace Choir (chorus), Orchestra, August Manns (conductor)

ISBN: 978-1-60874-168-7

This item is a newly engraved edition prepared by the editor.
*Horns were originally in keys of D, F, E-flat; Trumpets in D, E, F, E-flat and C.

MASS IN D MAJOR
Op.86 ; B.175

1. Kyrie

Antonín Dvořák
Edited by Richard W. Sargeant, Jr.

9
Ob. 1 2
a2
p
a2
f
Bn. 1 2
Hn. 1 2
3
Tpt. 1 2
Trb. 1 2
1.
p
mf
dim.
3
Timp.
S.
p mf f ff dim.
Ky - ri - e, e - lei - - - - son, e - lei - - - - son, e - lei - -
A.
cresc. mf ff
son. Ky - - ri - - e, e - lei - son, e - lei - - - son, e - lei - - - son, e - lei -
T.
mf f ff f
son, e - lei - - son. Ky - ri - e, Ky - ri - e, e - lei - - - son, Ky - ri - e, e -
B.
p mf ff dim.
Ky - ri - e, e - lei - - son, e - lei - son, e - lei - - - - - son, Ky - ri - e, e - lei -
9
Vn. 1
f ff dim.
2
f ff dim.
Va.
cresc. f ff dim.
Vc.
f ff dim.
D. B.
p cresc. fz f ff dim.

17
19
Ob. 1 2
Bn. 1 2
Hn. 1 2
3
Tpt. 1 2
Trb. 1 2
3
Timp.
S.
son.
Ky - ri - e, e - lei - - - son, e - lei - -
A.
son, e - lei - - - - - son.
T.
lei - - - - - - son.
Ky - ri - e, e - lei - -
B.
son, e - lei - - - - - son.
Vn. 1
2
Va.
Vc.
D. B.
dim.
cresc.
div.

29
25
Ob. 1 2
Bn. 1 2
Hn. 1 2
3
Tpt. 1 2
Trb. 1 2
3
Timp.
S.
A.
T.
B.
a2
1.
son.
Kyrie, elei - son, elei -
Ky - ri - e, e - lei - son, Ky - ri - e, Ky - ri - e, e - lei - son, e - lei - son, e - lei -
son.
Ky - ri - e, e - lei -
Ky - ri - e, e - lei - son, Ky - ri - e, e - lei - son, Ky - ri -
29
25
Vn. 1
2
Va.
unis.
Vc.
D. B.

33
Ob. 1 2
a2
ff
Bn. 1 2
Hn. 1 2
a2
f
3
Tpt. 1 2
Trb. 1 2
3
Timp.
S.
f
cresc.
- - - - - - - - son. Ky - ri - e, e - lei - - - son, Ky -
A.
f
son. Ky - ri - e, e - lei - son, e - lei - - - - son, Ky - - ri - e, e - lei - -
T.
f
f
cresc.
son. Ky - ri - e, e - lei - - - son, e - lei - son, Ky - ri - e, Ky - ri - e, e -
B.
f
e, e - lei - - - - - son. Ky - ri - e, e - lei - - - son, e - lei - -
33
Vn. 1
f
unis.
cresc.
2
f
unis.
cresc.
Va.
div.
unis.
fz
f
cresc.
Vc.
fz
f
fz
cresc.
D. B.
f
fz
cresc.

44
41
Ob. 1 2
Bn. 1 2
Hn. 1 2
Hn. 3
Tpt. 1 2
a2
Trb. 1 2
Trb. 3
Timp.
S.
- ri - e, e - lei - son, e - lei - - son. Ky - ri - e, e - lei - - son, e -
A.
son, Ky - ri - e, e - lei - - son. Ky - ri - e, e - lei - son, e - lei -
T.
lei - - - son, e - lei - son, Ky - ri - e, e - lei - - son, e - lei - - - - son,
B.
- - - son, Ky - ri - - e, e - lei - - - - - - son,
44
41
Vn. 1
Vn. 2
div.
unis.
Va.
Vc.
marcato
fz
D. B.
marcato
fz

49
Ob. 1 2
Bn. 1 2
Hn. 1 2
3
Tpt. 1 2
Trb. 1 2
3
Timp.
S.
lei - - son. Ky - ri - e, e - lei - - son, e - lei - son, e - - lei -
A.
son, e - lei - son. Ky - ri - e, e - lei - - son, e - - lei -
T.
Ky - ri - e, e - lei - - son, e - lei - - son, e - lei - son, e -
B.
Ky - ri - e, e - lei - son, e - lei - - son, e - lei - -
49
Vn. 1
2
div.
unis.
Va.
Vc.
D. B.

59
57
lunga pausa
Ob. 1 2
Bn. 1 2
1.
Hn. 1 2
3
Tpt. 1 2
Trb. 1 2
3
Timp.
S.
A.
T.
B.
solo
pp sotto voce
- - son. Chri - ste, Chri - ste, e lei - - - son, e - - lei - - - son, Chri - ste,
- - son. Chri - ste, Chri - ste, e - lei - - - son, e -
- lei - son.
- - son. Chri - ste, Chri - ste, e -
Vn. 1
2
Va.
Vc.
D. B.

64
69
Ob. 1 2
Bn. 1 2
Hn. 1 2 3
Tpt. 1 2
Trb. 1 2 3
Timp.
S.
A.
T.
B.
Vn. 1 2
Va.
Vc.
D. B.
cresc.
dim.
solo
Chri - ste, e - lei - son, Chri - ste, Chri - ste, e - lei - son, Chri - ste, Chri - ste, e-
lei - son, Chri - ste, Chri - ste, e - lei - son.
Chri - ste, Chri - ste, e - lei - son, e - lei - son.
lei - son, e - lei - son, e - lei - son.

70
Ob. 1 2
Bn. 1 2
Hn. 1 2
3
Tpt. 1 2
Trb. 1 2
3
Timp.
S.
A.
T.
B.
Vn. 1
2
Va.
Vc.
D. B.
cresc. molto
f
1.
pp
cresc.
fz
tutti
mf
pizz.
p
lei - - son,
Chri - ste, Chri-ste, e - lei -
Chri - ste, Chri-ste, e - lei - - - - son, e -
Chri - ste,Chri-ste, e - lei - - - - son.
Chri - ste, Chri-ste, e - lei - - -
Chri - ste, Chri-ste, e - lei - son, e - lei - son, e -

78
poco accel.
76
Ob. 1 2
Bn. 1 2
Hn. 1 2 3
Tpt. 1 2
Trb. 1 2 3
Timp.
S.
A.
T.
B.
dim.
p
pp
fz
mp cresc.
lei - - - son.
Chri - ste, Chri - ste, e - lei - - - son, e - lei -
Chri - ste, Chri - ste, e - lei - son, Chri - ste,
Chri - ste, Chri - ste, e - lei - - - son, e -
Vn. 1 2
Va.
Vc.
D. B.
arco
cresc. molto

82
Ob. 1 2
Bn. 1 2
Hn. 1 2
3
Tpt. 1 2
Trb. 1 2
3
Timp.
S.
Chri - ste, Chri - ste, Chri - ste, e - lei - - - - son, Chri - ste, Chri - ste, e - lei - - - son, e -
A.
son, e - lei - - - - - son, e - lei - son, Chri - ste, Chri - ste, e - lei - - - son, e -
T.
Chri - ste, Chri - ste, Chri - ste, e - lei - - - - - - son, Chri - ste, Chri - ste, e - lei - - - son, e -
B.
lei - - - son, Chri - ste, Chri - - ste, Chri - ste, Chri - ste, e - lei - - - son, e -
82
Vn. 1
2
Va.
Vc.
D. B.

rit.
89
dim.
Ob. 1 2
pp
Bn. 1 2
pp
dim.
Hn. 1 2
3
Tpt. 1 2
Trb. 1 2
3
Timp.
S.
lei - - - son.
A.
lei - - - son.
T.
lei - - - son.
B.
lei - - - son.
rit.
89
Vn. 1
2
Va.
Vc.
D. B.

96
Tempo I 𝅗𝅥. = 40
Ob. 1 2
Bn. 1 2
a2
Hn. 1 2
Hn. 3
Tpt. 1 2
Trb. 1 2
Trb. 3
Timp.
S.
A.
T.
B.
Ky-ri-e, e-lei - - son, e - - lei - - son,
Ky - ri-e, e-lei -
Ky-ri-e, e-lei - - son, Ky - ri-e, e-lei - -
Ky-ri-e, e-lei - - son, e-lei - - - - son, e - lei - - son,
Ky-ri-e, e-lei - - son, e-lei -
96
Tempo I 𝅗𝅥. = 40
Vn. 1
Vn. 2
Va.
Vc.
D. B.
div.
pizz.
pp
p
mf
cresc.
cresc. molto

105
Ob. 1 2
Bn. 1 2
Hn. 1 2
Hn. 3
Tpt. 1 2
Trb. 1 2
Trb. 3
Timp.
S.
A.
T.
B.
Vn. 1
Vn. 2
Va.
Vc.
D. B.
f
cresc.
ff
dim.
p
pp
mf
a2
1.
arco
son, e-lei - son, e - lei - - - - son, e-lei - - - son, e - lei - -
son, Ky-ri-e, e - lei - - son, e-lei - son, e - lei - son, e-lei - - - - -
Ky - ri-e, Ky - ri-e, e - lei - - son, Ky - ri - e, e-lei - - - - - -
son, Ky - ri - e, e - lei - - son, Ky - ri - e, e - lei - son, e-lei - - - - -

112
Ob. 1 2
Bn. 1 2
Hn. 1 2
3
Tpt. 1 2
Trb. 1 2
3
Timp.
S.
son, Chri - ste, Chri - ste, e - lei - - son, e - lei - - son.
A.
son, Chri - ste, Chri - ste, e - lei - - son, e - lei - son, e - lei - - son.
T.
son, Chri - ste, Chri - ste, e - lei - - son, e - lei - - son.
B.
son, e - lei - - son, e - lei - - son.
112
Vn. 1
2
Va.
Vc.
D. B.
pp
dim.
f
ff
fff
1.

2. Gloria

Allegro vivo ♩ = 138
Oboe 1 2
a2
ff
Bassoon 1 2
a2
f
Horn (F) 1 2
ff
3
ff
Trumpet (C) 1 2
ff
Trombone 1 2
f
3
f
Timpani
f
Soprano
f
Glo - ri - a in ex - cel - sis De - o, glo - ri - a, glo - ri - a,
Alto
f
Glo - ri - a in ex - cel - sis De - o, glo - ri - a, glo - ri - a, glo - ri - a,
Tenor
f
Glo - ri - a in ex - cel - sis De - o, glo - ri - a, glo - ri - a, glo - ri - a, glo - ri - a,
Bass
f
Glo - ri - a in ex - cel - sis De - o, glo - ri - a, glo - ri - a, glo - ri - a,
Organ
Allegro vivo ♩ = 138
Violin 1
ff
2
ff
Viola
div.
ff
unis.
Violoncello
ff
Double Bass
ff

6
Ob. 1 2
ff
a2
Bn. 1 2
ff
Hn. 1 2
ff
3
Tpt. 1 2
f
a2
Trb. 1 2
f
3
f
Timp.
S.
glo-ri-a, glo - ri-a in ex-cel - sis, in ex-cel - sis, in ex-cel - sis De - o, glo - ri - a in ex-
A.
glo-ri-a, glo - ri-a in ex-cel - sis, in ex-cel - sis, in ex-cel - sis De - o, glo - ri - a in ex-
T.
glo-ri-a, glo - ri-a in ex-cel - sis, in ex-cel - sis, in ex-cel - - - sis
B.
glo-ri-a, glo - ri-a in ex-cel - sis, in ex-cel - sis, glo - ri - a in ex-cel - sis De - o,
Org.
6
Vn. 1
2
div.
Va.
Vc.
D. B.
ff

12
Ob. 1 2
Bn. 1 2
a2
Hn. 1 2
3
ff
Tpt. 1 2
ff
Trb. 1 2
3
Timp.
f
ff
S.
cel - sis De - o, glo - ri - a in ex - cel - sis De - o, glo - ri - a, glo - ri - a!
A.
cel - sis De - o, glo - ri - a in ex - cel - sis De - o, glo - ri - a, glo - ri - a!
T.
De - o, in ex - cel - sis, in ex - cel - sis De - o, glo - ri - a, glo - ri - a!
B.
glo - ri - a in ex - cel - sis, in ex - cel - sis De - o, glo - ri - a, glo - ri - a!
Org.
Vn. 1
2
Va.
unis.
Vc.
D. B.

Et in ter - ra pax ho - mi - ni - bus, pax ho - mi - ni - bus____ bo - næ vo - lun - ta -

Et in ter - ra pax ho - mi - ni - bus bo - næ vo - lun - ta - tis, bo - næ vo - lun - ta -

Et in ter - ra pax ho - mi - ni - bus bo - næ vo - lun - ta - tis, bo - næ vo - lun - ta -

Et in ter - ra pax ho - mi - ni - bus bo - næ vo - lun - ta - tis, bo - næ vo - lun - ta -

29
Ob. 1 2
Bn. 1 2
Hn. 1 2
3
Tpt. 1 2
Trb. 1 2
3
Timp.
S.
A.
T.
B.
Org.
Vn. 1
2
Va.
Vc.
D. B.
a2
soli
p legato sempre
cresc.
mf
fz
tis. Lau - da - mus te. Be - ne - di - ci - mus
tis. Lau - da - mus te. Be - ne - di - ci - mus
tis. Lau - da - mus te. Be - ne - di - ci - mus
tis. Lau - da - mus te. Be - ne - di - ci - mus te.
pizz.
3

34
Ob.
Bn.
Hn.
Tpt.
Trb.
Timp.
S.
te. A-do-ra - mus te. Glo-ri-fi-ca - mus te,
A.
te. A-do-ra - mus te. Glo-ri-fi-ca - mus te,
T.
te. A-do-ra - - mus te, lau-da - - mus te, a-do-
B.
A-do-ra - mus te, a-do-ra - mus te, lau-da - mus
Org.
34
Vn.
Va.
Vc.
D. B.
cresc.
più f

39
Ob. 1 2
Bn. 1 2
Hn. 1 2
3
Tpt. 1 2
a2
Trb. 1 2
3
Timp.
S.
A.
T.
B.
Org.
Vn. 1
2
Va.
Vc.
D. B.
fz
ff
f
arco
be - ne - di - ci - mus te, lau - da - mus te, a - do - ra - mus
be - ne - di - ci - mus te, lau - da - mus te, lau - da - mus te, a - do - ra - mus
ra - mus te, lau - da - mus te, a - do - ra - mus
te, a - do - ra - mus te, lau - da - mus te, lau - da - mus

47
44
Ob. 1 2
Bn. 1 2
Hn. 1 2 3
a2
Tpt. 1 2
Trb. 1 2 3
Timp.
S.
te, lau - da - mus, lau - da - mus te,
A.
te, lau - da - mus te, lau - da - mus te,
T.
te, lau - da - mus, lau - da - mus te, a - do - ra - mus te, glo - ri - fi -
B.
te, lau - da - mus, lau - da - mus te, a - do - ra - mus te, glo - ri - fi - ca - mus te, a - do - ra - mus
Org.
47
44
Vn. 1 2
Va.
ff marcato
Vc.
ff marcato
D. B.

51
Ob. 1 2
Bn. 1 2
Hn. 1 2
3
Tpt. 1 2
Trb. 1 2
3
Timp.
S.
a-do-ra-mus te, glo-ri-fi-ca - mus te, a-do-ra-mus te, a-do-ra-mus te, a-do-
A.
a-do-ra-mus te, glo-ri-fi-ca-mus te, a-do-ra - mus te, glo-ri-fi-ca - mus te, a-do-ra - mus te, glo-ri-fi-ca - mus
T.
ca - mus te, glo - ri-fi-ca mus te, glo - ri - fi - ca - mus te, a-do-ra-mus te, a-do-ra-mus te, a-do-ra-mus
B.
te, glo - ri-fi-ca - mus te, a-do-ra - mus te, glo-ri-fi-ca - mus te, a-do-ra - mus
Org.
51
Vn. 1
2
ff marcato
Va.
Vc.
D. B.

58
Ob. 1 2
Bn. 1 2
Hn. 1 2
Hn. 3
Tpt. 1 2
Trb. 1 2
Trb. 3
Timp.
S.
A.
T.
B.
Org.
Vn. 1
Vn. 2
Va.
Vc.
D. B.
a2
1.
div.
unis.
ra - - mus te, glo - ri - fi - ca - mus te, glo - ri - fi - ca - - mus te, a - do -
te, a - do - ra - mus te, a - do - ra - mus te, glo - ri - fi - ca - mus te, glo - ri - fi - ca - mus te, a - do -
te, a - do - ra - mus te, glo - ri - fi - ca - mus te, a - do - ra - mus te, glo - ri - fi - ca - - mus
te, glo - ri - fi - ca - mus te, glo - ri - fi - ca - mus

64
67
Ob. 1 2
Bn. 1 2
Hn. 1 2
Hn. 3
Tpt. 1 2
Trb. 1 2
Trb. 3
Timp.
S.
A.
T.
B.
Org.
Vn. 1
Vn. 2
Va.
Vc.
D. B.
ff
a2
div.
ra - - mus te, glo - ri - fi - ca - - mus te, glo - ri - fi - ca - mus te, glo -
ra - - mus te, a - do - ra - mus te, glo - ri - fi - ca - mus te, glo -
te, a - do - ra - mus te, glo - ri - fi - ca - mus te, glo -
te, a - do - ra - - mus te, a - do - ra - mus te, glo - ri - fi - ca - mus te, glo -

70
rit.
Andante con moto ♩ = 84
Ob. 1 2
Bn. 1 2
Hn. 1 2
3
Tpt. 1 2
Trb. 1 2
3
Timp.
ff
S.
4 soli
pp
ri - fi - ca - - - - - - - mus te.
Gra - ti - as a - gi - mus ti - bi
A.
4 soli
pp
ri - fi - ca - - - - - - - - - mus te.
Gra - ti - as a - gi - mus ti - bi
T.
ri - fi - ca - - - - - - - mus te.
B.
ri - fi - ca - - - - - - - - - mus te.
Org.
pp sempre legato
Ped.
70
rit.
Andante con moto ♩ = 84
div.
Vn. 1
org.
pp sempre legato
fff
div.
2
org.
pp sempre legato
fff
Va.
org.
pp sempre legato
fff
Vc.
org.
pp sempre legato
fff
D. B.
fff

82
77
Ob. 1 2
Bn. 1 2
Hn. 1 2
3
Tpt. 1 2
Trb. 1 2
3
Timp.
S.
pp
pro-pter mag-nam glo - ri-am tu - - - am.
A.
pp
pro-pter mag-nam glo - ri-am tu - - - am.
T.
4 soli
pp
pp
cresc.
Gra - ti-as a - gi-mus ti - bi pro-pter mag-nam glo -
B.
4 soli
pp
pp
cresc.
Gra - ti-as a - gi-mus ti - bi pro-pter mag-nam glo -
Org.
pp
Ped.
82
77
Vn. 1
pp
2
Va.
pp
Vc.
pp
D. B.
org.
pp

rit.
a tempo
87
Ob. 1 2
Bn. 1 2
Hn. 1 2 3
Tpt. 1 2
Trb. 1 2 3
Timp.
S.
tutti pp
Do - mi-ne De - us, rex cœ - le - stis, De - us Pa - ter o -
A.
tutti pp
Do - mi-ne De - us, rex cœ - le - stis, De - us Pa - ter o -
T.
dim.
- ri - am tu - am,
tutti pp
Do - mi-ne De - us, rex cœ - le - stis, Pa - ter
B.
dim.
- ri - am tu - am,
tutti pp
Do - mi-ne De - us, rex cœ - le - stis, Pa - ter o -
mf
f
Org.
pp
Ped.
rit.
a tempo
87
Vn. 1 2
Va.
Vc.
D. B.
pp
mf

99
96
Ob. 1 2
Bn. 1 2
Hn. 1 2 3
Tpt. 1 2
Trb. 1 2 3
Timp.
S.
solo
pp
mni - po - tens.
Do - mi - ne Fi - li u - ni - ge - ni - te,
Je - su Chri - ste, Do - mi - ne
A.
mni - po - tens.
T.
o - mni - po - tens.
Do - mi - ne Fi - li u - ni - ge - ni - te,
B.
mni - po - tens.
Org.
dim.
Ped.
Vn. 1 2
Va.
Vc.
D. B.

34

Do - mi - ne De - us, A - gnus De - i, Fi - lius Pa - tris.

Do - mi - ne De - us, A - gnus De - i, Fi - lius Pa - tris.

Do - mi - ne De - us, A - gnus De - i, Fi - lius Pa - tris.

Je - su Chri - ste, Do - mi - ne De - us, A - gnus De - i, Fi - lius Pa - tris. Qui tol - lis pec - ca - ta

120
Ob. 1 2
cresc.
Bn. 1 2
cresc.
Hn. 1 2
3
Tpt. 1 2
Trb. 1 2
3
Timp.
S.
A.
T.
p
cresc.
Qui tol - - lis pec-ca-ta mun-di, mi-se-re - re
B.
mun - di, mi-se-re - - - - re no - bis,
120
Vn. 1
cresc.
2
cresc.
Va.
cresc.
Vc.
cresc.
D. B.
cresc.

124
Ob. 1 2
Bn. 1 2
Hn. 1 2 3
Tpt. 1 2
Trb. 1 2 3
Timp.
S.
A.
T.
B.
Vn. 1 2
Va.
Vc.
D. B.
a2
dim.
p
pp
ppp
arco
Qui tol - lis pec-ca - ta
no - bis, mi - se - re - re no - - - - - - bis,
mi - se - re - re no - bis,
mi - se - re - re no - bis,

130

Ob. 1 2

Bn. 1 2

Hn. 1 2

Hn. 3

Tpt. 1 2

Trb. 1 2

Trb. 3

Timp.

128

S.
mun - di, mi - se - re - - - re no - bis,

A.
Qui tol - lis pec - ca - ta mun - di, mi - se - re - re

T.
mi - se - re - re no - bis, mi - se - re - re no - bis, mi - se - re - re no - - - - - -

B.
mi - se - re - no - bis, mi - se - re - re no - bis, mi - se - re - re no - - - - - -

130

128

Vn. 1

Vn. 2

Va.

Vc.

D. B.

132
poco a poco accel.
Ob. 1 2
Bn. 1 2
Hn. 1 2
3
a2
mf cresc.
f
ff
Tpt. 1 2
pp
cresc.
mf
Trb. 1 2
3
Timp.
S.
A.
T.
B.
p
sus - ci-pe de-pre-ca - ti - o - nem no-stram. Qui se - des, qui se - des ad
no - bis, mi-se-re-re no-bis, sus-ci-pe de-pre-ca - ti - o - nem no-stram. Qui se-des, qui se-des ad
bis, sus-ci-pe de-pre-ca - ti - o - nem no-stram. Qui se-des, qui se-des ad
bis, sus-ci-pe de-pre-ca - ti - o - nem no-stram. Qui se-des, qui se-des ad
Vn. 1
2
Va.
Vc.
D. B.

139
meno mosso
poco rit.
Ob. 1 2
Bn. 1 2
Hn. 1 2
3
Tpt. 1 2
Trb. 1 2
3
Timp.
S.
A.
T.
B.
ff
f
cresc.
pp
dex - te-ram Pa-tris, qui se - des ad dex - te-ram Pa - tris, mi - se - re - re no - bis.
dex - te - ram Pa-tris, qui se - des ad dex - te-ram Pa - tris, mi - se - re - re no -
dex - te-ram Pa-tris, qui se - des ad dex - te-ram Pa - tris, mi - se - re - re no - bis.
dex - te-ram Pa-tris, qui se - des ad dex - te-ram Pa - tris, mi - se - re - re no -
139
meno mosso
poco rit.
Vn. 1
2
Va.
Vc.
D. B.

Tempo I Allegro vivo ♩ = 138
148
Ob. 1 2
Bn. 1 2
Hn. 1 2
3
Tpt. 1 2
Trb. 1 2
3
Timp.
S.
A.
T.
B.
Quo - ni-am tu so - lus Sanc - tus, quo - ni-am tu so - lus
bis. Quo - ni-am tu so - lus Sanc - tus, quo - ni-am tu so - lus
Quo - - - ni - am tu so - - lus Sanc - tus, tu
bis. Quo - ni - am tu so - lus Sanc - tus, quo - ni - am tu so - lus Do - mi-nus,
Tempo I Allegro vivo ♩ = 138
148
Vn. 1
2
Va.
Vc.
D. B.
div.

153
Ob. 1 2
Bn. 1 2
Hn. 1 2
fz fz fz fz
3
Tpt. 1 2
Trb. 1 2
3
fz fz f
Timp.
S.
ff
Do - mi-nus, quo - ni - am tu so - - lus Al - tis - si-mus, Je - - su
A.
ff
Do - mi-nus, quo - ni - am tu so - - lus Al - tis - si-mus, Je - - su
T.
ff
so - - - - lus Do - mi - nus, tu so - - - - lus Al - tis - si-mus, Je - - su
B.
ff
quo - ni - am tu so - lus Al - tis - si-mus, quo - ni - am tu so - lus Al - tis - si-mus, Je - - su
153
Vn. 1 2
ff
Va.
unis.
ff
Vc.
div.
ff
D. B.
ff

158
163
Ob. 1 2
Bn. 1 2
Hn. 1 2
3
Tpt. 1 2
Trb. 1 2
3
Timp.
S.
Chri - ste, Je - su Chri - ste, Je - su Chri - ste.
A.
Chri - ste, Je - su Chri - ste, Je - su Chri - ste.
T.
Chri - ste, Je - su Chri - ste, Je - su Chri - ste.
B.
ff
Chri - ste, Je - su Chri - ste, Je - su Chri - ste. Cum Sanc - to
158
163
Vn. 1
2
ff
Va.
fz
fz
fz
unis.
Vc.
ff
D. B.
ff

164
Ob. 1 2
Bn. 1 2
Hn. 1 2
3
Tpt. 1 2
Trb. 1 2
3
Timp.
S.
A.
T.
B.
ff
Cum Sanc-to
Cum Sanc-to Spi - ri-tu, in glo-ri-a De - i
Cum Sanc-to Spi - ri-tu, in glo-ri-a De - i Pa - - - tris, cum Sanc-to
Spi - ri-tu, in glo - ri-a De-i Pa - - - tris, in glo - ri-a De-i Pa - tris,
164
Vn. 1
2
Va.
Vc.
D. B.

170
175
Ob. 1 2
Bn. 1 2
Hn. 1 2
Hn. 3
a2
Tpt. 1 2
f
Trb. 1 2
f
1.
ff
Trb. 3
Timp.
f
S.
Spi - ri-tu, in glo-ri-a De-i Pa - tris, in glo-ri-a De-i Pa - - tris. Cum Sanc-to Spi-ri-tu, in
A.
Pa - tris, in glo-ri-a De-i Pa - tris, in glo-ri-a De-i Pa - - tris. Cum Sanc-to Spi-ri-tu, in
T.
Spi-ri-tu in glo-ri-a De - i Pa - tris, in glo-ri-a De - i Pa - - tris. Cum Sanc-to Spi-ri-
ff
fz
B.
cum Sanc-to Spi-ri-tu in glo-ri-a De - i Pa - - tris.
170
175
Vn. 1
fz
ff
Vn. 2
ff
Va.
ff
Vc.
ff
D. B.
ff

177
Ob. 1 2
Bn. 1 2
Hn. 1 2
3
Tpt. 1 2
Trb. 1 2
a2
3
Timp.
S.
glo-ri-a De - i Pa - - tris. A - men, A - - men, A - - - men, A - - men, A-men, A -
A.
glo - ri-a De - i Pa - tris. A - men, A - - men, A - - - men, A - - men, A-men, A -
T.
tu, in glo-ri-a De - i Pa - tris. A - men, A - - men, A - - - men, A - - men, A-men, A -
B.
A - men, A - - men, A - - - men, A - - men, A-men, A -
ff
177
Vn. 1
2
Va.
Vc.
D. B.

Maestoso
184
Ob. 1 2
Bn. 1 2
Hn. 1 2
3
Tpt. 1 2
Trb. 1 2
3
Timp.
S.
- men, A - - - - men, A - - - - - - - - men, A - men.
A.
- men, A - - - - men, A - - - - - - - - men, A - men.
T.
- men, A - - - - men, A - - - - - - - - men, A - men.
B.
- men, A - - - - men, A - - - - - - - - men, A - men.
Maestoso
184
Vn. 1
2
Va.
Vc.
D. B.

3. Credo

Allegro moderato ♩ = 132
Oboe 1 2
Bassoon 1 2
Horn (F) 1 2
Trumpet (C) 1 2
Trombone 1 2 3
Timpani
Soprano
Alto
Tenor
Bass
Violin 1 2
Viola
Violoncello
Double Bass
p
pp dim.
pp
f
tutti (sempre)
4 soli (sempre)
p mezzo voce
dim.
Cre-do in u - num De - um, Pa - trem o-mni-po-ten - tem,
Cre-do in u - num De - um, fa-cto-rem cœ-li et
Allegro moderato ♩ = 132

15
25
Ob. 1 2
Bn. 1 2
Hn. 1 2
Tpt. 1 2
Trb. 1 2 3
Timp.
S.
ter - ræ, vi-si-bi-li-um o-mni-um et in-vi-si-bi-li-um.
A.
vi-si-bi-li-um o-mni-um et in-vi-si-bi-li-um. Et in u-num Do-mi-num
T.
ter - ræ, vi-si-bi-li-um o-mni-um et in-vi-si-bi-li-um.
B.
ter - ræ, vi-si-bi-li-um o-mni-um et in-vi-si-bi-li-um.
15
25
Vn. 1 2
Va.
Vc.
D. B.

27
Ob. 1 2
dim.
ff
f
Bn. 1 2
fz
f
1.
Hn. 1 2
pp
f
1.
fz
Tpt. 1 2
Trb. 1 2 3
Timp.
pp
f
S.
f
Cre-do in u - num Do - mi-num, Fi - li-um De - i u - ni-
A.
p
pp
Je - sum Chri-stum, Fi - li-um De - i u-ni-ge - ni-tum.
T.
f
Cre-do in u - num Do - - mi-num, Fi - li-um De - i u - ni-
B.
f
Cre-do in u - num Do - mi - num, Fi - li-um De - i u - ni-
27
Vn. 1 2
mf
mf
div.
Va.
ff
pizz.
Vc.
f
pizz.
D. B.
f

40
49
Ob. 1 2
Bn. 1 2
Hn. 1 2
Tpt. 1 2
Trb. 1 2 3
Timp.
S.
A.
T.
B.
Vn. 1 2
Va.
Vc.
D. B.
a2
1.
dim.
arco
ge - ni - tum.
Et ex Pa - tre na - tum an - te
Et ex Pa - tre na - tum an - te o - mni-a sæ - cu - la.
Et ex Pa - tre na - tum an - te
Et ex Pa - tre na - tum an - te

54
Ob. 1 2
Bn. 1 2
a2
Hn. 1 2
Tpt. 1 2
Trb. 1 2 3
Timp.
S.
o-mni-a sæ - cu-la. De-um de De - o, lu - men de lu-mi-ne,
A.
De - um de De - o, lu - men de lu-mi-ne, De - um ve-rum
T.
o-mni-a sæ - cu - la. De - um de De - o, lu - men de lu-mi-ne,
B.
o-mni-a sæ - cu - la. De - um de De - o, lu - men de lu-mi-ne,
54
Vn. 1 2
unis.
Va.
Vc.
D. B.

67
Ob. 1 2
Bn. 1 2
Hn. 1 2
Tpt. 1 2
Trb. 1 2 3
Timp.
S.
De - um ve - rum de De - o ve - ro. Ge - ni - tum, non fa - ctum,
A.
de De - o ve - ro. Ge - ni - tum, non fa - ctum,
T.
De - um ve - rum de De - o ve - ro. Ge - ni - tum, non fa - ctum,
B.
De - um ve - rum de De - o ve - ro. Ge - ni - tum, non fa - ctum,
67
Vn. 1 2
Va.
Vc.
D. B.
pp
p
ff

79
Ob. 1 2
Bn. 1 2
Hn. 1 2
Tpt. 1 2
Trb.
S.
A.
T.
B.
Vn.
Va.
Vc.
D. B.
con-sub-stan-ti - a - lem Pa - tri:
per quem o - mni-a fa - cta sunt.

91
Ob. 1 2
Bn. 1 2
Hn. 1 2
a2
Tpt. 1 2
a2
Trb. 1 2
3
Timp.
S.
per quem o - mni-a fa - cta sunt. Qui pro - pter nos ho - mi - nes,
A.
tutti
Qui pro - pter nos ho - mi - nes, et pro - pter
T.
per quem o - mni-a fa - cta sunt. Qui pro - pter nos ho - mi - nes,
B.
per quem o - mni-a fa - cta sunt. Qui pro - pter nos ho - mi - nes,
91
Vn. 1
2
Va.
Vc.
D. B.

100
Ob. 1 2
Bn. 1 2
a2
Hn. 1 2
a2
Tpt. 1 2
Trb. 1 2
3
Timp.
S.
et pro - pter no-stram sa - lu - tem de - scen - - dit, de - scen -
A.
no-stram sa - lu - - - - - tem de - scen - - - dit, de - scen - - dit, de - scen -
T.
et pro - pter no-stram sa - lu - tem de - scen - - - dit, de - scen - - dit, de - scen -
B.
et pro - pter no-stram sa - lu - tem de - scen - - - dit, de - scen-dit, de - scen -
100
Vn. 1
2
Va.
Vc.
marc.
D. B.
marc.

110
119
Ob. 1 2
Bn. 1 2
Hn. 1 2
Tpt. 1 2
Trb. 1 2 3
Timp.
S.
A.
T.
B.
Vn. 1 2
Va.
Vc.
D. B.
fz
ff
f
-dit de cœ - - lis, de cœ - - - - - - lis!
solo
p
Et in-car-na-tus est de Spi - ri - tu
dit de cœ - - lis, de cœ - - - - - - lis!
con sord.
pp

125
Ob. 1 2
Bn. 1 2
Hn. 1 2
Tpt. 1 2
Trb. 1 2
3
Timp.
S.
A.
f fz pp
pp
Sanc - to, ex Ma - ri - a Vir - gi - ne; et in - car - na - tus est, et in - car - na - tus est,
T.
B.
solo
mp
Et in - car - na - tus est de Spi - ri - tu Sanc - to,
125
Vn. 1
2
Va.
Vc.
D. B.
fz pp
pp

147
141
Ob. 1 2
Bn. 1 2
Hn. 1 2
Tpt. 1 2
Trb. 1 2 3
Timp.
S.
solo pp
Et in-car-na-tus est de Spi-ri-tu Sanc-to ex Ma-ri-a
A.
fz dim.
et in-car-na - - - - tus est de Spi-ri-tu Sanc - to ex Ma - ri - a Vir - -
T.
B.
fz pp
ex Ma-ri - a Vir - gi - ne, et in-car-na - tus est, in-car-na - tus, et in-car-
147
141
Vn. 1 2
Va.
Vc.
D. B.
fz pp

157
Ob. 1 2
1. solo
mf
Bn. 1 2
Hn. 1 2
Tpt. 1 2
Trb.
1 2
3
Timp.
pp
fz
S.
pp
tutti
pp
f
Vir - gi - ne: Et ho - mo fa - ctus est, et ho - mo fa - ctus est, et ho - mo fa - ctus
A.
pp
tutti
pp
f
- gi - ne: Et ho - mo fa - ctus est, et ho - mo fa - ctus est, et ho - mo fa - ctus
T.
pp
f
Et in - car - na - tus est de Spi - ri - tu Sanc - to ex Ma - ri - a Vir - -
B.
pp
tutti
pp
f
na - tus est; Et ho - mo fa - ctus est, et ho - mo fa - ctus est, et ho - mo fa - ctus
157
Vn.
1
2
Va.
Vc.
senza sord.
pp
sfz
dim.
D. B.
pp
sfz
dim.

173
183 più mosso
Ob. 1 2
p
Bn. 1 2
1. solo
p
dim.
ff
Hn. 1 2
Tpt. 1 2
Trb. 1 2 3
Timp.
p
pp
ppp
S.
morendo
est, et ho - mo fa - ctus est.
Cru - ci - fix - us
A.
est, et ho - mo fa - ctus est.
Cru - ci - fix - us
T.
- gi - ne: et ho - mo fa - ctus, fa - ctus est.
Cru - ci - fix - us
B.
est, et ho - mo fa - ctus, fa - ctus est.
Cru - ci - fix - us
173
183 più mosso
Vn. 1 2
senza sord.
Va.
Vc.
D. B.

62

207
203
Ob.
Bn.
Hn.
Tpt.
Trb.
Timp.
S.
pas - sus, pas - sus et se - pul - tus
A.
pas - sus, pas - sus et se - pul - tus est, et se -
T.
pas - sus, pas - sus et se - pul - tus est, et se - pul - tus est, se -
B.
pas - sus, pas - sus et se - pul - tus est, se - pul - tus est, se -
Vn.
Va.
Vc.
D. B.
dim.

217
1. solo
Ob. 1 2
p
pp
1.
Bn. 1 2
p
pp
Hn. 1 2
Tpt. 1 2
1 2
Trb.
3
Timp.
ppp
pp
S.
est, pas - sus et se - pul - tus est,
pas - sus et se - pul - tus
A.
pul - tus est, pas - sus et se - pul - tus est,
pas - sus et se - pul - tus
T.
pul - tus est, pas - sus et se - pul - tus est,
B.
pul - tus est, pas - sus et se - pul - tus est,
217
1
Vn.
2
Va.
Vc.
D. B.

233
242 Tempo I
Ob. 1 2
Bn. 1 2
Hn. 1 2
Tpt. 1 2
Trb. 1 2 3
Timp.
S.
est, se - pul - tus est, se - pul - tus est.
A.
est, se - pul - tus est, se - pul - tus est.
T.
4 soli
se - pul - tus est, se - pul - tus est. Et re - sur - re - xit ter - ti - a di - e, se -
B.
et se - pul-tus est, se - pul-tus est, se - pul - tus est.
242 Tempo I
Vn. 1 2
Va.
Vc.
D. B.

247
Ob. 1 2
Bn. 1 2
Hn. 1 2
Tpt. 1 2
f
Trb. 1 2 3
Timp.
S.
ff
Et re - sur - re - xit ter - ti - a di - e, re - sur - re - xit, se - cun - dum Scri - ptu - ras.
A.
ff
Et re - sur - re - xit ter - ti - a di - e, re - sur - re - xit, se - cun - dum Scri - ptu - ras.
T.
tutti
ff
cun - dum Scri - ptu - ras. Et re - sur - re - xit ter - ti - a di - e, re - sur - re - xit, se - cun - dum Scri - ptu - ras.
B.
ff
Et re - sur - re - xit ter - ti - a di - e, re - sur - re - xit, se - cun - dum Scri - ptu - ras.
247
Vn. 1 2
Va.
Vc.
D. B.

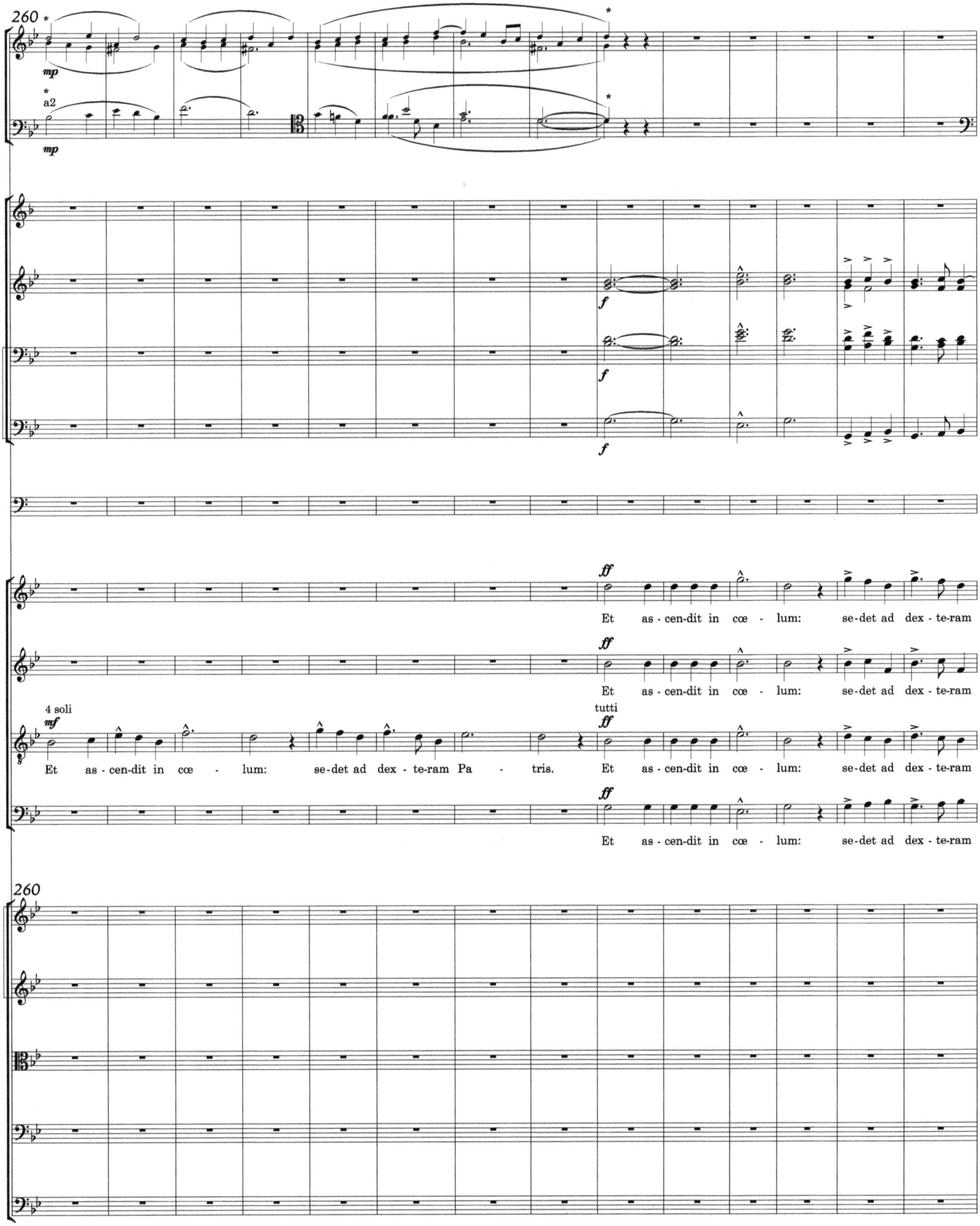

*not in original orchestral score, but in organ version.

274
279
Ob. 1 2
Bn. 1 2
Hn. 1 2
Tpt. 1 2
Trb. 1 2 3
Timp.
S.
Pa - tris.
A.
Pa - tris.
T.
Pa - tris. Et i - te-rum ven - tu - rus est cum
B.
Pa - tris. Et i - te-rum ven-tu-rus est cum glo - ri - a, et i - te-rum ven - tu - rus
274
279
Vn. 1 2
Va.
Vc.
D. B.

287
Ob. 1 2
Bn. 1 2
Hn. 1 2
Tpt. 1 2
Trb. 1 2 3
Timp.
S.
f
Et i - te-rum ven - tu - rus est cum glo - ri - a, cum
A.
f
Et i - te-rum ven - tu - rus est cum glo - ri - a, cum glo - - - - - - - ri - a ju-di-
T.
glo - - - - - - - - - - - - - ri - a, cum glo - ri - a, cum glo - ri - a
B.
est cum glo - - - - - - - - - - - ri - a ju-di-ca - re
287
Vn. 1 2
f
ff
Va.
ff
Vc.
ff
D. B.
ff

297
303
Ob. 1 2
Bn. 1 2
Hn. 1 2
a2
Tpt. 1 2
Trb. 1 2
1.
3
Timp.
S.
glo-ri-a ju-di-ca - re vi - vos, vi-vos et mor-tu - os: cu-jus re - gni non e-rit fi - nis, cu - jus
A.
ca - re vi-vos et mor-tu-os, et mor - tu - os: cu-jus re - gni, cu-jus re - gni non e-rit fi -
T.
ju-di - ca - re vi - vos, ju-di-ca - re vi-vos et mor-tu-os: cu-jus re - - -
B.
vi - vos, ju - di - ca - re vi-vos et mor - tu os: cu-jus re -
Vn. 1
2
Va.
Vc.
D. B.

308
Ob. 1 2
Bn. 1 2
Hn. 1 2
Tpt. 1 2
Trb. 1 2 3
Timp.
S.
A.
T.
B.
Vn. 1 2
Va.
Vc.
D. B.
a2
2.
fz
f
ff
p
dim.
pp
re - gni non e - rit fi - - - nis, cu - jus re - gni non e - rit fi - - -
- nis non e - rit fi - - - nis, cu - jus re - gni non e - rit fi - - -
- gni non e - rit fi - - - nis, cu - jus re - gni non e - rit fi - - -
- gni non e - rit fi - - - nis, cu - jus re - gni non e - rit fi - - -

rit.
328 Tempo I
321
Ob. 1 2
dim.
Bn. 1 2
1.
dim.
mp
Hn. 1 2
Tpt. 1 2
Trb. 1 2 3
Timp.
S.
- nis.
A.
- nis.
4 soli (sempre)
mp
Et in Spi-ri-tum Sanc - tum, Do-mi-num et vi-vi-fi-
T.
- nis.
B.
- nis.
rit.
328 Tempo I
321
Vn. 1 2
Va.
div.
pp
pp
dim.
Vc.
pp
dim.
D. B.
ppp
dim.

334
Ob. 1 2
Bn. 1 2
pp
p
Hn. 1 2
Tpt. 1 2
f
Trb. 1 2
f
3
f
Timp.
pp
f
tutti (sempre)
f
S.
Et in Spi-ri-tum Sanc - tum, Do-mi-num et vi-vi-fi-can - tem:
A.
p
can - tem:
qui ex Pa - tre Fi - li -
tutti (sempre)
f
T.
Et in Spi-ri-tum Sanc - tum, Do-mi-num et vi-vi-fi-can - tem:
tutti (sempre)
f
B.
Et in Spi-ri-tum Sanc - tum, Do-mi-num et vi-vi-fi-can - tem:
334
Vn. 1
2
Va.
p
Vc.
p dolce
D. B.

346
348
Ob. 1 2
Bn. 1 2
Hn. 1 2
Tpt. 1 2
Trb. 1 2 3
Timp.
S.
qui ex Pa - tre Fi - li - o - que pro - ce - dit.
A.
o - que pro - ce - dit. Qui cum Pa - tre et Fi - li - o si - mul a - do - ra -
T.
qui ex Pa - tre Fi - li - o - que pro - ce - dit.
B.
qui ex Pa - tre Fi - li - o - que pro - ce - dit.
Vn. 1 2
Va.
Vc.
D. B.
dim.

359
Ob. 1 2
Bn. 1 2
a2
Hn. 1 2
Tpt. 1 2
Trb.
Timp.
S.
Qui cum Pa - tre et Fi - li - o si - mul a - do - ra - - - tur
A.
tur
mezzo voce
et con - glo - ri - fi - ca - tur: qui lo -
T.
Qui cum Pa - tre et Fi - li - o si - mul a - do - ra - - - tur
B.
Qui cum Pa - tre et Fi - li - o si - mul a - do - ra - - - tur
359
Vn.
Va.
pizz.
Vc.
pizz.
D. B.

376
372
Ob. 1 2
dim.
f
Bn. 1 2
dim.
f
1.
a2
Hn. 1 2
pp
ff
Tpt. 1 2
f
Trb. 1 2
f
3
f
Timp.
f
S.
f
et con-glo - ri-fi-ca - tur: qui lo-cu-tus est per Pro-phe - - -
A.
cu - tus est per Pro-phe - tas.
T.
f
et con-glo - ri-fi-ca - tur: qui lo-cu-tus est per Pro-phe - - -
B.
f
et con-glo - ri-fi-ca - tur: qui lo-cu-tus est per Pro-phe - - -
372
376
Vn. 1
ff
fz
2
ff
fz
Va.
ff
Vc.
arco
ff
D. B.
arco
ff

384
Ob. 1 2
Bn. 1 2
Hn. 1 2
Tpt. 1 2
Trb. 1 2 3
Timp.
S.
A.
T.
B.
Vn. 1 2
Va.
Vc.
D. B.
ff
f legato
a2
f
1.
tutti
unis.
tas. Et in u - num sanc-tam ca - tho - li-cam et a - po - sto - li-cam Ec - cle - si - am, cre - do, cre - do,
Et in u - num sanc-tam ca - tho - li-cam et a - po - sto - li-cam Ec - cle - si - am, cre - do, cre - do,
tas. Cre - do in u - nam sanc-tam ca - tho - li-cam et a - po - sto - li-cam
tas. Cre - do in u - nam

402
396
Ob. 1 2
Bn. 1 2
Hn. 1 2
Tpt. 1 2
a2
mf
Trb. 1 2 3
f
mf
Timp.
fz
S.
cre - - - - - - do, cre - - - do.
A.
in u-num sanc-tam ca-tho-li-cam et a-po-sto-li-cam Ec-cle-si-am.
T.
Ec - cle-si-am, cre-do, cre-do, cre - - - - do.
f
Con-fi-te-or u-num ba-ptis-ma in re-mis-si-
B.
sanc-tam ca-tho-li-cam et a-po-sto-li-cam Ec-cle - - - si-am.
402
396
Vn. 1 2
Va.
Vc.
D. B.

409
Ob. 1 2
Bn. 1 2
Hn. 1 2
a2
Tpt. 1 2
Trb. 1 2
3
Timp.
S.
Et ex - pec - to re - sur - re - cti - o - nem mor - tu - o - rum.
A.
Et ex - pec - to re - sur - re - cti - o - nem mor - tu - o - rum.
T.
o - nem pec - ca - to - rum.
Et vi - tam,
B.
Et ex - pec - to re - sur - re - cti - o - nem mor - tu - o - rum.
409
Vn. 1
2
Va.
Vc.
D. B.

80

428
Ob. 1 2
Bn. 1 2
Hn. 1 2
Tpt. 1 2
Trb. 1 2 3
Timp.
S.
A.
T.
B.
ff
A - - - - - - - - - - - - - - - - men, a - - - - men,
A - - - - - - - - - - - - - - - - men, a - - - - men,
A - - - - - - - - - - - - - - - - men, a - - - - men,
A - - - - - - - - - - - - - - men, a - - - - men,
428
Vn. 1 2
Va.
Vc.
D. B.

434
a2
Ob. 1 2
Bn. 1 2
Hn. 1 2
Tpt. 1 2
Trb. 1 2 3
Timp.
S.
A.
T.
B.
ff
a - - - - men, a - - -
Vn. 1 2
Va.
Vc.
D. B.
3

441
Ob. 1 2
Bn. 1 2
Hn. 1 2
Tpt. 1 2
Trb. 1 2 3
Timp.
S.
men, a - - - - - - - - - - - men.
A.
men, a - - - - men, a - - men.
T.
men, a - - - - men, a - - men.
B.
men, a - - - - - - - - - - - men.
441
Vn. 1 2
Va.
Vc.
D. B.

4. Sanctus

12
18
Ob. 1 2
pp
a2
pp
Bn. 1 2
Hn. 1 2
Tpt. 1 2
Trb. 1 2 3
Timp.
S.
dim.
pp
De - us Sa - - - ba - oth. Sanc - tus, Sanc - tus, Sanc - tus
A.
pp
Do - mi-nus, De - us Sa - ba - oth. Sanc - tus, Sanc - tus, Sanc - tus
T.
pp
Do - mi-nus, De - us Sa - ba - oth. Sanc - tus, Sanc - tus, Sanc - tus
B.
pp
Sanc - tus, Sanc - tus, Sanc - tus
Vn. 1 2
arco
ppp
Va.
Vc.
D. B.

23
Ob. 1 2
Bn. 1 2
Hn. 1 2
Tpt. 1 2
Trb. 1 2 3
Timp.
S.
A.
T.
B.
Vn. 1 2
Va.
Vc.
D. B.
a2
1.
pizz.
arco
Do - mi-nus, De - us Sa - ba - oth.
Sanc - tus
Sanc - tus Do - mi-nus, De - us Sa - ba-oth, Sanc - tus

34
Ob. 1 2
Bn. 1 2
Hn. 1 2
Tpt. 1 2
a2
Trb. 1 2 3
f
Timp.
S.
Do - mi-nus, De - us Sa - ba-oth. Sanc - tus, Sanc - tus Do - mi-nus, De - us Sa - - - ba -
A.
Do - mi-nus, De - us Sa - ba-oth. Sanc - tus, Sanc - tus Do - mi-nus, De - us Sa - - - - ba-
T.
Do - mi-nus, De - us Sa - ba-oth. Sanc - tus, Sanc - tus Do - mi-nus, De - us Sa - - - ba -
B.
Do - mi-nus, De - us Sa - ba-oth. Sanc - tus, Sanc - tus Do - mi-nus, De - us Sa - - - ba -
34
Vn. 1 2
Va.
Vc.
D. B.
ff

45 più mosso
43
Ob. 1 2
Bn. 1 2
Hn. 1 2
a2
f
fz
Tpt. 1 2
Trb. 1 2 3
ff
Timp.
S.
A.
T.
B.
oth.
Ple - ni sunt cœ - li et ter - ra glo - ri - a tu - a.
Ple - ni sunt cœ - li et ter - ra
45 più mosso
Vn. 1 2
Va.
Vc.
D. B.

53
Ob. 1 2
Bn. 1 2
Hn. 1 2
a2
fz
Tpt. 1 2
a2
f
Trb. 1 2
3
Timp.
S.
glo - ri - a tu - a,
ff
ple - ni sunt cœ - li et
A.
glo - ri - a tu - a,
ff
ple - ni sunt cœ - li et ter - ra, cœ - li et
T.
glo - ri - a tu - a,
ff
ple - ni sunt cœ - li et ter - ra
B.
glo - ri - a tu - a,
ff
ple - ni sunt cœ - li et ter - ra
53
Vn. 1
2
Va.
Vc.
D. B.
ff

60
Ob. 1 2
Bn. 1 2
Hn. 1 2
Tpt. 1 2
Trb. 1 2 3
Timp.
S.
A.
T.
B.
Vn. 1 2
Va.
Vc.
D. B.
a2
ter - ra glo - ri-a tu - a. Ho - san-na in ex - cel - sis, Ho - san-na in ex - cel - sis, Ho -
ter - ra glo - ri-a tu - a. Ho - san-na in ex - cel - sis, Ho - san-na in ex -
glo - - - - ri-a tu - a. Ho -
glo - - - - ri-a tu - a. Ho - san - na in ex - cel - sis, Ho -

67
71
Ob. 1 2
Bn. 1 2
Hn. 1 2
Tpt. 1 2
Trb. 1 2 3
Timp.
S.
san - na, Ho - san - na in ex - cel - sis, Ho - san - na in ex - cel - sis, Ho -
A.
cel - sis, Ho - san - na, Ho - san - na, Ho - san - na, Ho - san - na, Ho -
T.
san - na, Ho - san - na, Ho - san - na, Ho - san - - - - na, Ho - san - na,
B.
san - na in ex - cel - sis, Ho - san - na in ex - cel - - - - sis, Ho - san - na,
67
71
Vn. 1 2
Va.
Vc.
D. B.

73
Ob. 1 2
Bn. 1 2
Hn. 1 2
Tpt. 1 2
Trb. 1 2 3
Timp.
S.
san - na in ex - cel - - - - - - - - - - - - - - -
A.
san - na in ex - cel - - - -
T.
Ho - san - na, Ho - san - - - - na, Ho - san - - - -
B.
Ho - san - na in ex - cel - - - -
73
Vn. 1 2
Va.
Vc.
div.
D. B.
a2
f
ff
fz

78
Ob. 1 2
fz fz fz
Bn. 1 2
fz fz fz
Hn. 1 2
fz fz fz
Tpt. 1 2
1 2
Trb.
3
fz fz fz fz
fz fz fz fz
Timp.
S.
- - - - sis, Ho - - san - na in ex - cel - sis,
A.
- - - - - - sis, in ex - cel - - - - sis, Ho - - san - - -
T.
- - - - - - na in ex - cel - - - - sis, in ex - cel - - -
B.
- - - - - - sis, in ex - cel - sis, Ho - san - na, Ho - san - na in ex -
78
1
Vn.
2
Va.
unis.
Vc.
D. B.

83
Ob. 1 2
Bn. 1 2
a2
Hn. 1 2
Tpt. 1 2
Trb. 1 2
3
Timp.
S.
Ho - san - na, Ho - san - na, Ho - san-na in ex - cel - - sis, in ex - cel - - - - - - sis.
A.
na, Ho - san - na, Ho - san-na in ex - cel - - sis, in ex - cel - - - - - - sis.
T.
sis, Ho - san - na, Ho - san - na, Ho - san - - na in ex - cel - - - - sis.
B.
cel - sis,
83
Vn. 1
2
Va.
Vc.
D. B.

molto maestoso
93
Ob. 1 2
Bn. 1 2
Hn. 1 2
a2
Tpt. 1 2
Trb. 1 2 3
Timp.
S.
Ho - san - na in ex - cel - - - - - - - - sis!
A.
Ho - san - na in ex - cel - - - - - - - - sis!
T.
Ho - san - na in ex - cel - - - - - - - - sis!
B.
Ho - san - na in ex - cel - - - - - - - - sis!
molto maestoso
93
Vn. 1 2
Va.
Vc.
D. B.

5. Benedictus

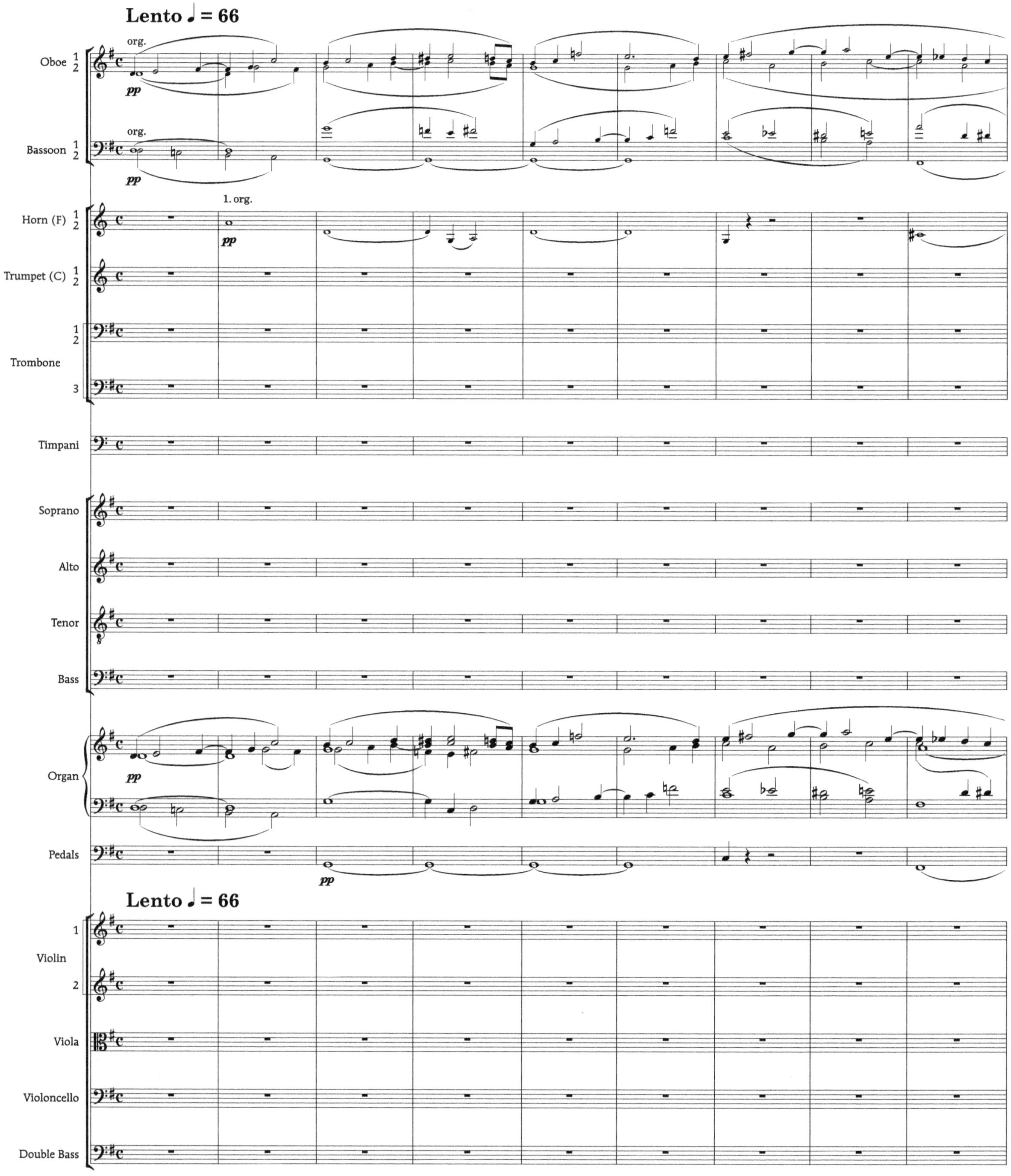

10
Ob. 1 2
Bn. 1 2
Hn. 1 2
pp
Tpt. 1 2
Trb. 1 2 3
Timp.
S.
A.
T.
B.
Org.
Ped.
10
Vn. 1 2
Va.
Vc.
D. B.

21
19
Ob. 1 2
Bn. 1 2
Hn. 1 2
Tpt. 1 2
Trb. 1 2 3
Timp.
S.
pp
Be - ne - di - ctus, qui ve - nit,
A.
pp
Be-ne - di - ctus, qui
T.
pp
Be-ne - di - ctus, qui ve - nit, qui ve - nit, qui
B.
pp
Be - ne - di - ctus, qui ve - nit, be - ne - di - ctus, qui ve - nit, qui
Org.
Ped.
21
19
con sord.
pp
Vn. 1 2
Va.
Vc.
D. B.
cresc.

28
S.
be - ne - di - ctus, qui ve - nit in no - mi - ne Do - - mi - ni. Be - ne - di - ctus, qui
A.
ve - nit, qui ve - nit, qui ve - - nit in no - mi - ne Do - mi - ni. Be - ne - di - ctus, qui
T.
ve - nit in no - mi - ne Do - mi - ni, qui ve - nit in no - mi - ne Do - - mi - ni. Be - ne -
B.
ve - nit in no - mi - ne Do - mi - ni, in no - mi - ne Do - - mi - ni.
Vn.
Va.
Vc.
D. B.
mf p pp dim.
35
41
S.
ve - nit, qui ve - nit in no - mi - ne Do - mi - ni, in no - mi - ne Do - mi - ni. Be - ne - di - ctus, qui ve -
A.
ve - nit in no - mi - ne, in no - mi - ne Do - mi - ni, in no - mi - ne Do - mi - ni.
T.
di - ctus, qui ve - nit in no - mi - ne Do - mi - ni, qui ve - nit in no - mi - ne Do - mi - ni.
B.
Be - ne - di - ctus, qui ve - nit in no - mi - ne Do - mi - ni.

43
S.
A.
T.
B.
nit. Be-ne-di - - ctus, qui ve - nit, qui ve - nit in
Be-ne-di - ctus, qui ve - nit, qui ve - - nit, qui ve-nit in no - mi - ne
Be-ne-di - ctus, qui ve - nit, qui ve - - nit, qui ve - nit in no - mi-ne Do - - mi-
Be-ne-di-ctus, qui ve-nit, qui ve - nit in no-mi-ne Do - mi-ni, qui ve - nit in
Vn. 1 2
Va.
Vc.
D. B.
pp p cresc. f
div. unis.
50
53
no - mi-ne Do - mi-ni, in no-mi-ne Do - - mi-ni. Be - ne - di - ctus, qui
Do-mi-ni, in no - mi-ne Do - - mi-ni. Be-ne-di-ctus, qui ve - nit, qui
- ni, qui ve-nit, qui ve - nit in no-mi-ne Do - mi-ni. Be-ne-di-ctus, qui ve - nit, qui
no - mi-ne, in no - mi-ne Do - mi - ni. Be - ne-di - ctus, be-ne-di - ctus, qui
dim. p dim. pp
div. unis.

61
org.
org.
ve - nit in no - mi - ne Do - mi - ni, in no - mi-ne Do - mi - ni.
ve - nit in no - mi - ne Do - mi - ni, qui ve - nit in no - mi - ne Do - mi - ni. Be - ne - di - ctus, qui
ve - nit in no - mi-ne Do - mi - ni, in no - mi - ne Do - mi - ni.
ve - nit, qui ve - nit in no - mi - ne, in no - mi - ne Do - mi - ni.
senza sord.
div.
unis.
dim.

69
63
Ob. 1 2
Bn. 1 2
Hn. 1 2
org.
Tpt. 1 2
Trb. 1 2 3
Timp.
S.
Be - ne - di - ctus, qui ve - nit,
be - ne - di - ctus, qui ve - nit in
A.
ve - nit,
qui ve - nit in no - mi - ne
T.
Be - ne - di - ctus,
be - ne - di - ctus, qui
B.
Be - ne - di - ctus, qui ve - nit in no - mi - ne Do - mi - ni,
Org.
Ped.
Vn. 1 2
Va.
Vc.
D. B.
pp
mf

77
Vivace
71
Ob. 1 2
Bn. 1 2
Hn. 1 2
a2
Tpt. 1 2
a2
Trb. 1 2 3
Timp.
S.
no - mi-ne Do - mi-ni, in no - mi-ne Do - mi-ni. Ho - san -
A.
Do-mi-ni, in no - mi-ne Do - mi-ni.
T.
ve - nit in no-mi-ne Do-mi-ni, in no - mi-ne Do - mi-ni. Ho - san-na in ex-cel - sis, Ho-
B.
be - ne - di - ctus, qui ve - nit in no - mi-ne Do - mi-ni. Ho-san-na in ex-
Org.
tacet
Ped.
77
Vivace
71
Vn. 1 2
Va.
Vc.
D. B.

79
Ob. 1 2
Bn. 1 2
f
Hn. 1 2
Tpt. 1 2
Trb. 1 2
3
Timp.
f
S.
na, Ho - san - na, Ho-san-na in ex-cel - sis, Ho-san-na in ex-cel - sis, Ho-san - na, Ho-
ff
A.
Ho-san-na in ex-cel - sis, Ho-san-na in ex-cel - sis, Ho-san - na, Ho-
T.
san-na in ex-cel - sis, Ho-san - na, Ho-san-na in ex-cel - sis, Ho-san-na in ex-cel-sis, Ho-san-na,
B.
cel - sis, Ho-san-na in ex-cel - sis, Ho-san-na in ex-cel - sis, Ho-san-na in ex-cel-sis, Ho-san-na,
79
Vn. 1
2
Va.
Vc.
D. B.
fz

87
Ob. 1 2
Bn. 1 2
Hn. 1 2
Tpt. 1 2
Trb. 1 2 3
Timp.
f
S.
ff
san - na, Ho - san - - - - -
A.
ff
san - na, Ho - san - - - - -
T.
Ho - san - na, Ho - san - - - - - - - - na,
B.
Ho - san - na, Ho - san - - - - - - - - na,
87
Vn. 1 2
ff
Va.
ff
Vc.
fz
D. B.
fz

92
97
Ob. 1 2
Bn. 1 2
Hn. 1 2
Tpt. 1 2
a2
Trb. 1 2 3
Timp.
S.
- - na, Ho - san - na in ex - cel - - - - - - - - sis.
A.
- - na, Ho - san - na in ex - cel - - - - - - - - sis. Ho - san - na, Ho -
T.
Ho - san - na in ex - cel - - - - - - - - sis. Ho -
B.
Ho - san - na in ex - cel - - - - - - - - sis.
Vn. 1 2
Va.
Vc.
D. B.
f
ff
fz

99
Ob. 1 2
Bn. 1 2
Hn. 1 2
Tpt. 1 2
Trb. 1 2 3
Timp.
f
S.
A.
san - na, Ho - san - na in ex - cel - - sis, in ex - cel - - - - - - - - sis.
T.
san - na, Ho - san - na in ex - cel - sis, Ho - san - na in ex - cel - - - - - sis.
B.
ff
Ho - san - na, Ho - san - na in ex - cel - - - sis, in ex - cel - - - - - sis.
99
Vn. 1 2
Va.
Vc.
D. B.

Maestoso
107
Ob. 1 2
Bn. 1 2
Hn. 1 2
a2
Tpt. 1 2
Trb. 1 2 3
Timp.
S.
Ho - san - - na in ex - cel - - - - sis.
A.
Ho - san - - na in ex - cel - - - - sis.
T.
Ho - san - - na in ex - cel - - - - sis.
B.
Ho - san - - na in ex - cel - - - - sis.
Maestoso
107
Vn. 1 2
Va.
Vc.
D. B.

6. Agnus Dei

A - gnus De - i, qui tol - lis pec-ca - ta mun - di: mi - se - re - re no - bis,

no - bis. A-gnus De - i, qui tol - lis pec-ca - ta mun - di, qui tol - lis pec-ca - ta mun - di: mi - se

15
Ob. 1 2
Bn. 1 2
Hn. 1 2
Tpt. 1 2
Trb. 1 2 3
Timp.
S.
A.
T.
B.
Vn. 1 2
Va.
Vc.
D. B.
p
pp
p fz
solo
mezza voce
cresc.
A - gnus De - i, qui tol - lis pec - ca - ta mun - di: mi - se - re - - re
mi - se - re - re no - - bis. A - gnus De - i, qui tol - lis, qui tol - lis pec - ca - ta mun - di: mi - se - re - re no -
re - re, mi - se - re - re no - bis. A - gnus De - i, qui tol - lis, qui tol - lis pec - ca - ta mun - di:
p dolce
div.
unis.
pizz.
arco

25
22
Ob. 1 2
Bn. 1 2
Hn. 1 2
Tpt. 1 2
Trb.
Timp.
S.
A.
T.
B.
Vn. 1 2
Va.
Vc.
D. B.
dim.
fz
mezza voce
solo
div.
marc.
no - bis, mi - se - re - re no - - - - bis. A - gnus De - i, qui tol - lis pec - ca - ta, qui
bis, mi-se-re-re no - bis, mi-se-re-re no - - - - bis. A - - gnus, A - gnus De - i, qui tol - lis pec-
mi-se-re-re no - bis, mi-se-re-re, mi-se-re-re no - - - - bis,
A - gnus De - i, qui tol - lis pec - ca - ta

28
Ob. 1 2
Bn. 1 2
a2
Hn. 1 2
mp
a2
Tpt. 1 2
Trb. 1 2 3
Timp.
S.
tol - lis pec - ca - ta mun - di: mi - se - re - - - re no - - bis, mi - se - re - - - - re
A.
ca - - - ta mun - di: mi - se - re - re no - bis, mi - se-re - - - - re no -
T.
f
mi - se-re - re no - - -
B.
mun - di: mi - se - re - - - re no - bis, mi - se - re - re no - - -
28
Vn. 1 2
div.
unis.
Va.
fz
unis.
Vc.
D. B.

33
un poco più animato (♩ = 76)
38
Ob. 1 2
Bn. 1 2
Hn. 1 2
Tpt. 1 2
Trb. 1 2 3
Timp.
S.
A.
T.
B.
Vn. 1 2
Va.
Vc.
D. B.
cresc.
f
ff
fz
mf
mp
p
dim.
div.
tutti
no - bis,
bis,
mi - se - re - re, mi - se - re - re, mi - se - re - re no - bis,
mi - se

re - re, mi-se-re - re, mi-se-re - re, mi-se-re - re, mi-se-re - re no -

45
46
a2
Ob. 1 2
Bn. 1 2
Hn. 1 2
1.
Tpt. 1 2
Trb. 1 2
3
Timp.
tutti
S.
mi-se-re - re, mi-se-re - re, mi-se-re - re, mi-se-re - - re no - - -
dim.
A.
mi-se-re-re no - - - -
T.
mi-se-re - re, mi-se-re-re no - - - -
B.
bis, mi-se-re - re, mi-se-re - re, mi-se-re-re no -
Vn. 1
2
Va.
Vc.
D. B.
cresc.
dim.

meno (Tempo I)
55
51
Ob. 1 2
Bn. 1 2
Hn. 1 2
Tpt. 1 2
Trb. 1 2 3
Timp.
S.
A.
T.
B.
Vn. 1 2
Va.
Vc.
D. B.
pp
ppp
p mezza voce
pp dim.
div.
unis.
bis. Dona nobis pacem, dona nobis,
bis. Dona nobis pa-
bis. Dona nobis, dona nobis pacem, dona nobis pa-
bis. Dona nobis,

59
rit.
Ob. 1 2
Bn. 1 2
ppp
Hn. 1 2
pp
con sord.
Tpt. 1 2
a2 con sord.
Trb. 1 2
3
Timp.
S.
ppp perdendosi
do - na no - bis pa - cem, pa - cem, pa - - - cem.
A.
cem, do-na no - bis pa - cem, pa - cem, pa - - - cem.
T.
cem, do - na no - bis pa - cem, pa - cem, pa - - - cem.
B.
do - na no-bis pa - - - cem, pa - cem, pa - - - cem.
Vn. 1
2
pizz.
Va.
Vc.
D. B.